Impressum
Verlag: BABADADA GmbH, Nedderfeld 112 , 22529 Hamburg
Geschäftsführer / Verlagsleitung: Harald Hof
Druck: Books on Demand GmbH, In de Tarpen 42, 22848 Norderstedt

Imprint
Publisher: BABADADA GmbH, Nedderfeld 112 , 22529 Hamburg, Germany
Managing Director / Publishing direction: Harald Hof
Print: Books on Demand GmbH, In de Tarpen 42, 22848 Norderstedt

shule

Szkoła

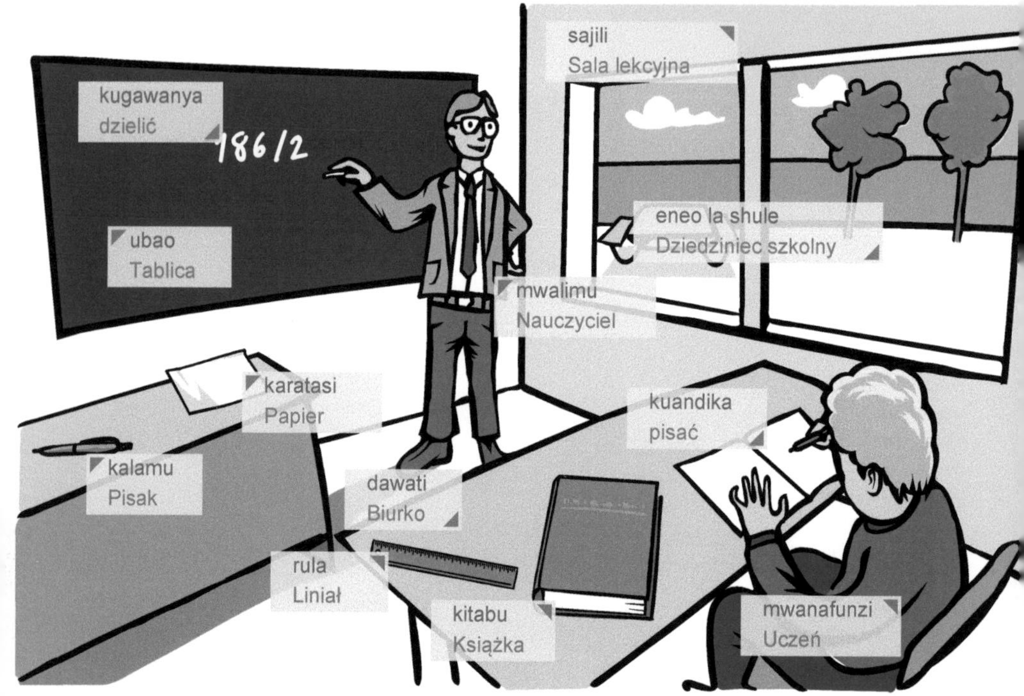
sajili
Sala lekcyjna
kugawanya
dzielić
186/2
ubao
Tablica
eneo la shule
Dziedziniec szkolny
mwalimu
Nauczyciel
karatasi
Papier
kuandika
pisać
kalamu
Pisak
dawati
Biurko
rula
Liniał
kitabu
Książka
mwanafunzi
Uczeń

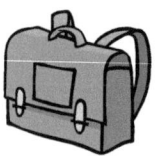

mkoba

Plecak szkolny

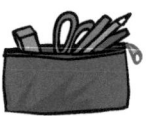

kikasha cha penseli

Piórnik

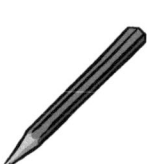

penseli

Ołówek

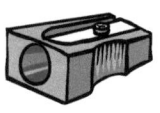

kichonga penseli

Temperówka

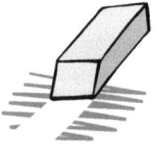

mpira

Gumka do mazania

pedi ya kuchora

Blok rysunkowy

uchoraji

Rysunek

brashi ya rangi

Pędzel

sanduku la rangi

Pudełko z akwarelami

mkasi

Nożyce

gundi

Klej

daftari

Książka do ćwiczenia

kazi ya nyumbani

Zadanie domowe

nambari

Liczba

jumlisha

dodawać

ondoa

odejmować

zidisha

mnożyć

kokotoa

liczyć

barua

Litera

alfabeti

Alfabet

neno

Słowo

maandishi

Tekst

kusoma

czytać

chaki

Kreda

somo

Godzina

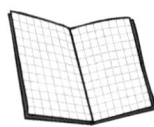

sajili

Dziennik lekcyjny

uchunguzi

Egzamin

cheti

Świadectwo

sare za shule

Mundurek szkolny

elimu

Wykształcenie

elezo

Leksykon

chuo kikuu

Uniwersytet

darubini

Mikroskop

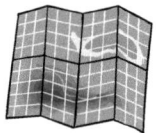

ramani

Mapa

kikapu cha kuweka karatasi chafu

Kosz na odpadki

usafiri
Podróż

Grand
hoteli
Hotel
hosteli
Schronisko
ROOMS
ofisi ya ubadilishanaji
Kantor wymiany walut
sanduku
Walizka
gari
Auto

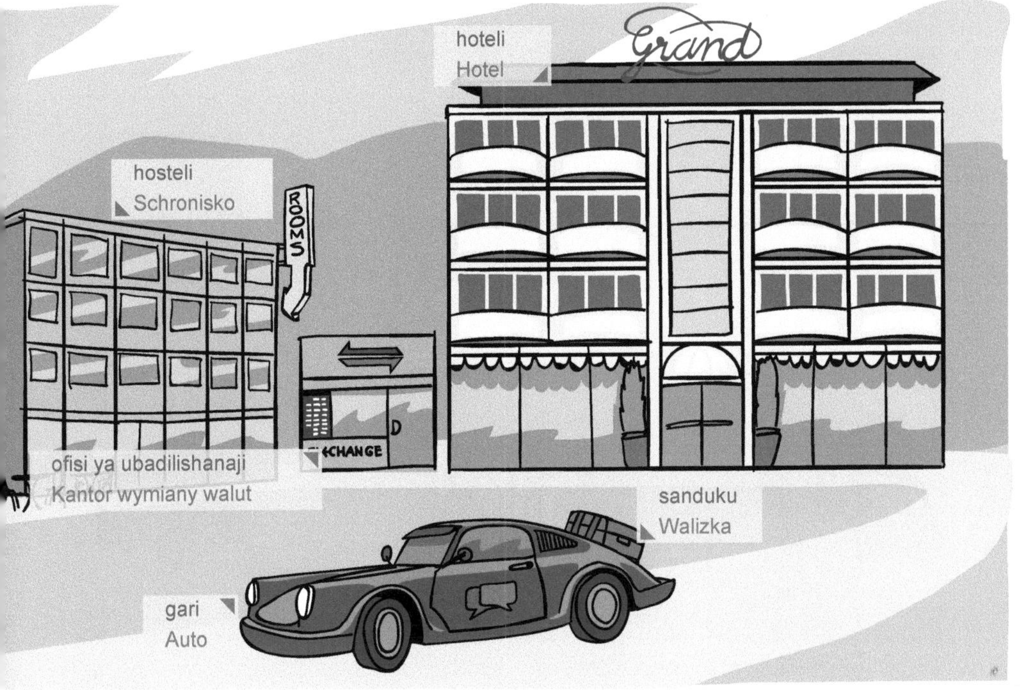

lugha

Język

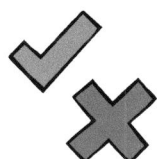

ndiyo / la

tak / nie

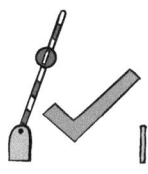

sawa

OK

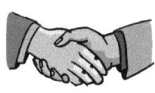

hujambo

Halo

mtafsiri

Tłumacz

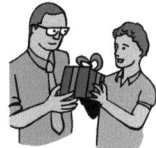

Asante

Dziękuję

kiasi gani ni ...?

Ile kosztuje ...?

Sielewi

Nie rozumiem

tatizo

Problem

Jioni njema!

Dobry wieczór!

Habari za asubuhi!

Dzień dobry!

Usiku mwema!

Dobranoc!

kwa heri

Do widzenia

mwelekeo

Kierunek

mizigo

Bagaż

mfuko

Torba

shanta

Plecak

mgeni

Gość

chumba

Pokój

begi la kulalia

Śpiwór

hema

Namiot

taarifa ya utalii

Informacja turystyczna

ufuo

Plaża

kadi

Karta kredytowa

kifunguakinywa

Śniadanie

chakula cha mchana

Obiad

chakula cha jioni

Kolacja

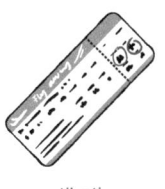

tiketi

Bilet

kuinua

Winda

muhuri

Znaczek na list

mpaka

Granica

mila

Cło

ubalozi

Ambasada

visa

Wiza

pasipoti

Paszport

usafiri
Transport

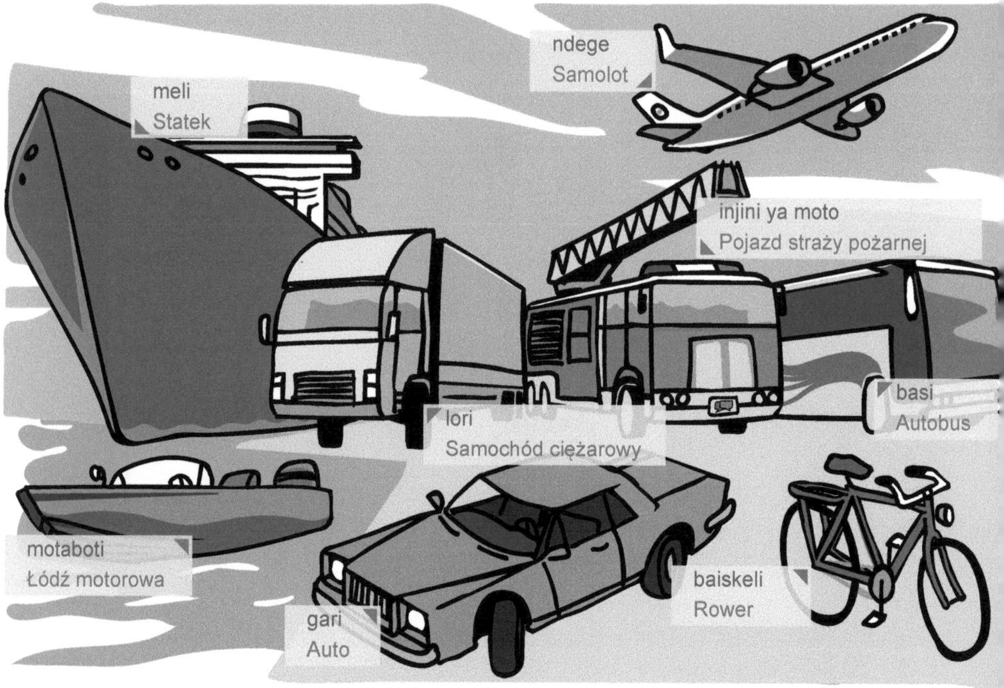
meli
Statek
ndege
Samolot
injini ya moto
Pojazd straży pożarnej
lori
Samochód ciężarowy
basi
Autobus
motaboti
Łódź motorowa
gari
Auto
baiskeli
Rower

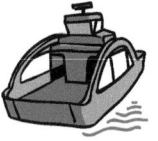

feri
Prom

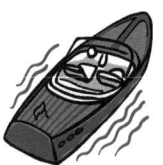

mashua
Łódź

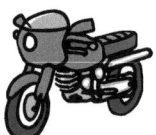

pikipiki
Motocykl

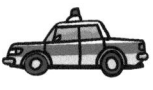

gari la polisi
Radiowóz policyjny

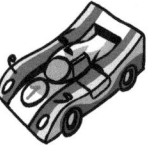

gari la mashindano
Samochód wyścigowy

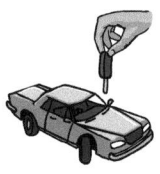

gari la kukodisha
Samochód wypożyczony

kushiriki gari

Wspólne przejazdy
samochodem

lori la kuvuta

Samochód pomocy
drogowej

ukusanyaji taka

Śmieciarka

motor

Silnik

mafuta

Benzyna

kituo cha mafuta

Stacja benzynowa

ishara trafiki

Znak drogowy

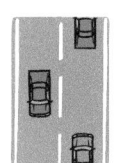

trafiki

Ruch

msongamano

Korek

maegesho

Parking

kituo cha treni

Dworzec

reli

Szyny

garimoshi

Pociąg

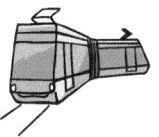

tremu

Tramwaj

gari la mizigo

Wagon

helikopta

Helikopter

uwanja wa ndege

Lotnisko

mnara

Wieża

abiria

Pasażer

chombo

Kontener

katoni

Karton

mkokoteni

Taczka

kikapu

Kosz

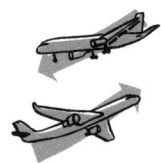

ondoka

startować / lądować

jiji

Miasto

kijiji

Wieś

katikati ya jiji

Centrum miasta

nyumba

Dom

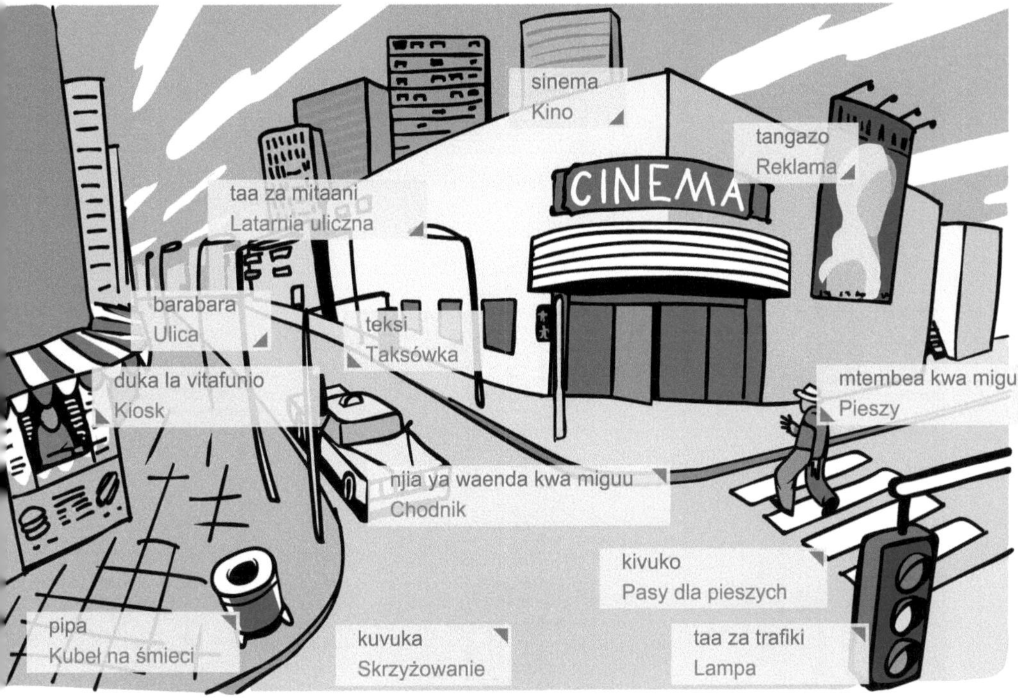

sinema
Kino

tangazo
Reklama

taa za mitaani
Latarnia uliczna

CINEMA

barabara
Ulica

teksi
Taksówka

duka la vitafunio
Kiosk

mtembea kwa miguu
Pieszy

njia ya waenda kwa miguu
Chodnik

kivuko
Pasy dla pieszych

pipa
Kubeł na śmieci

kuvuka
Skrzyżowanie

taa za trafiki
Lampa

kibanda

Chata

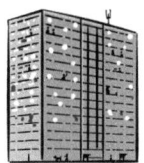

gorofa

Mieszkanie

kituo cha treni

Dworzec

ukumbi wa mji

Ratusz

Makavazi

Muzeum

shule

Szkoła

chuo kikuu

Uniwersytet

benki

Bank

hospitali

Szpital

hoteli

Hotel

duka la dawa

Apteka

ofisi

Biuro

duka la kitabu

Księgarnia

duka

Sklep

duka la maua

Kwiaciarnia

dukakuu

Supermarket

soko

Rynek

idara ya kuhifadhi

Dom towarowy

mwuza samaki

Sklep z rybami

kituo cha ununuzi

Centrum handlowe

bandari

Port

Hifadhi

Park

benki

Ławka

daraja

Most

vidato

Schody

chini ya ardhi

Metro

handaki

Tunel

kituo cha mabasi

Przystanek autobusowy

bar

Bar

mgahawa

Restauracja

sanduku la posta

Skrzynka na listy

ishara ya barabara

Tabliczka z nazwą ulicy

mita ya maegesho

Parkometr

bustani ya wanyama

Zoo

kidimbwi cha kuogelea

Łaźnia

msikiti

Meczet

shamba

Gospodarstwo chłopskie

uchafuzi

Zanieczyszczenie
środowiska

makaburini

Cmentarz

kanisa

Kościół

uwanja wa michezo

Plac zabaw

hekalu

Świątynia

mazingira
Krajobraz

jani
Liść

ishara ya mwelekeo
Drogowskaz

njia
Droga

malisho
Łąka

jiwe
Kamień

mtembeaji wa masafa
Wędrowiec

mti
Drzewo

mto
Rzeka

nyasi
Trawa

ua
Kwiat

bonde
....
Dolina

kilima
....
Góra

ziwa
....
Jezioro

msitu
....
Las

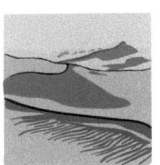

jangwa
....
Pustynia

volkano
....
Wulkan

ngome
....
Zamek

upinde wa mvua
....
Tęcza

uyoga
....
Grzyb

mtende
....
Palma

mbu
....
Komar

kuruka
....
Mucha

chungu
....
Mrówka

nyuki
....
Pszczoła

buibui
....
Pająk

mende

Chrząszcz

chura

Żaba

kuchakuro

Wiewiórka

nungunungu

Jeż

sungura

Zając

bundi

Sowa

ndege

Ptak

swan

Łabędź

nguruwe mwitu

Dzik

kulungu

Jeleń

aina ya kongoni

Łoś

bwawa

Tama

tabo ya upepo

Wiatrak

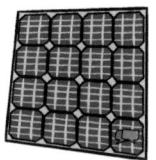

nishaji ya jua

Moduł solarny

hali ya hewa

Klimat

mgahawa
Restauracja

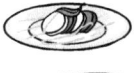

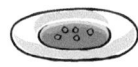

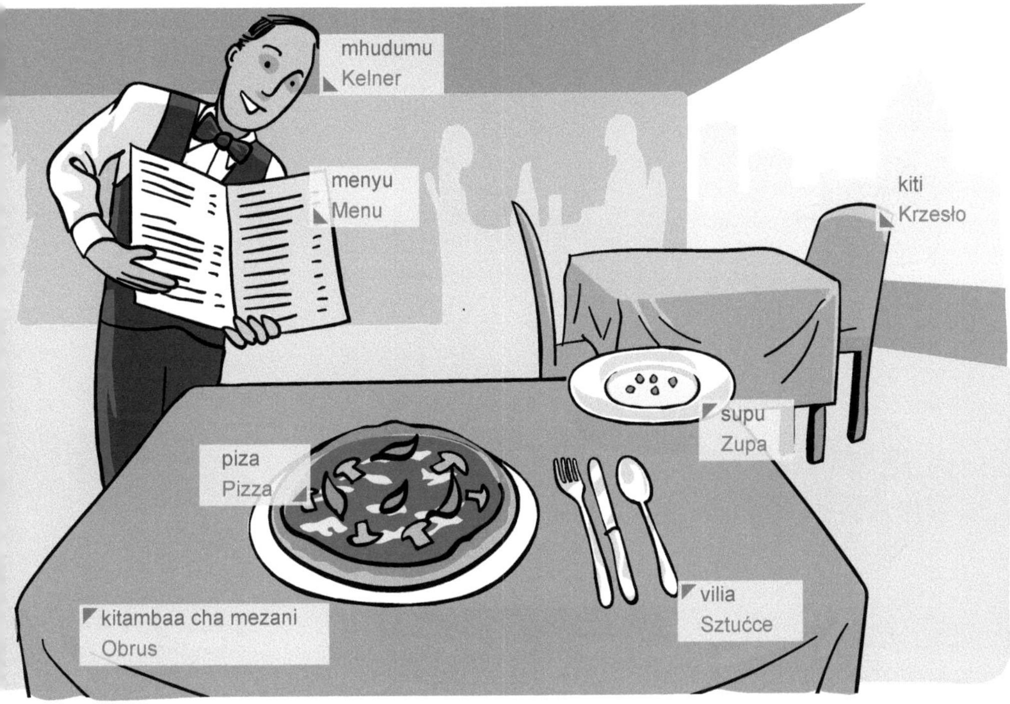
mhudumu
Kelner
menyu
Menu
kiti
Krzesło
supu
Zupa
piza
Pizza
vilia
Sztućce
kitambaa cha mezani
Obrus

kiamsha hamu

Przystawka

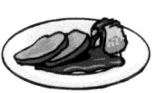

kozi kuu

Danie główne

kitindamlo

Deser

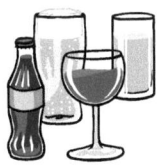

vinywaji

Napoje

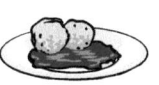

chakula

Jedzenie

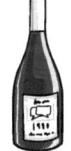

chupa

Butelka

chakula cha haraka

Fastfood

Streetfood

Streetfood

buli

Dzbanek na herbatę

kisanduku cha sukari

Cukierniczka

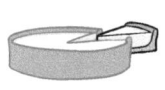

sehemu

Porcja

mashine ya espresso

Zaparzarka do espresso

kiti kirefu

Krzesło dla dziecka

muswada

Rachunek

trei

Taca

kisu

Nóż

uma

Widelec

kijiko

Łyżka

kijiko cha chai

Łyżeczka

nepi

Serwetka

glasi

Szklanka

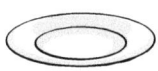

sahani

Talerz

sahani ya supu

Talerz do zupy

sufuria

Podstawek pod filiżankę

mchuzi

Sos

kichanyaji chumvi

Solniczka

kinu cha pilipili

Młynek do pieprzu

siki

Ocet

mafuta

Olej

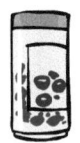

viungo

Przyprawy

kechapu

Keczup

haradali

Musztarda

kachumbari nzito

Majonez

dukakuu

Supermarket

ofa maalum
Oferta
mteja
Klient
maziwa
Produkty mleczne
matunda
Owoce
toroli
Wózek sklepowy
FOR

BUTCHERS

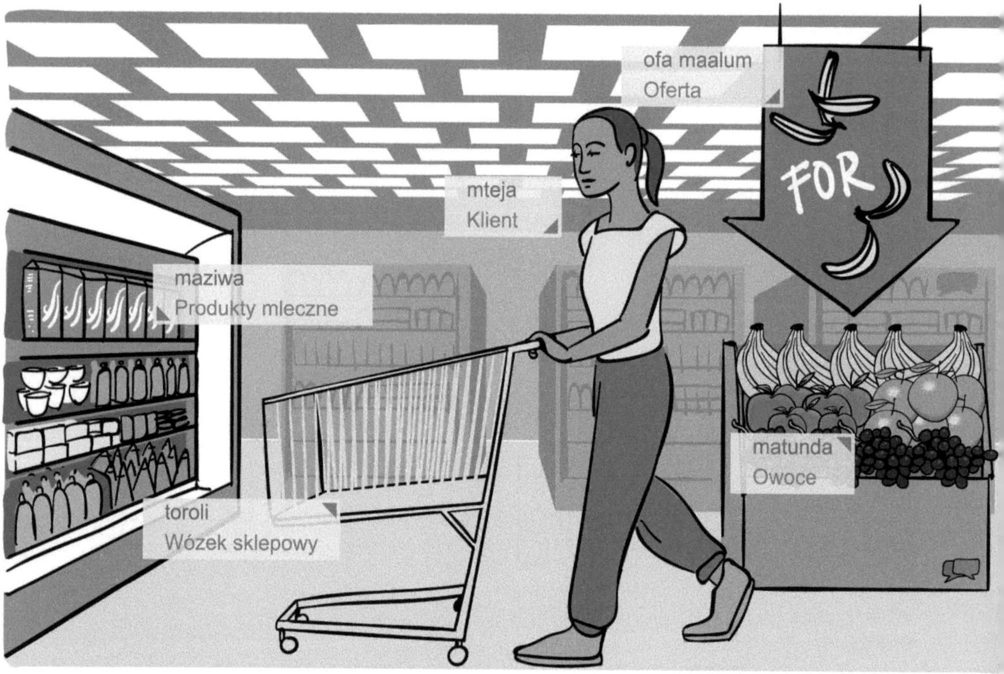

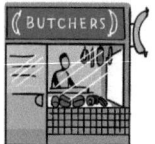

mchinjaji

Rzeźnia

BAKERY

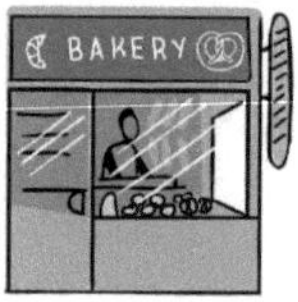

mwokaji

Piekarnia

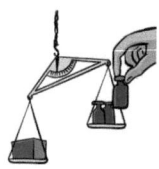

uzito

ważyć

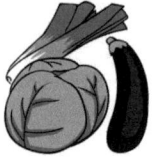

mboga

Warzywa

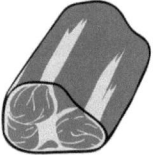

nyama

Mięso

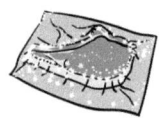

chakula waliohifadhiwa

Mrożonki

pande vya nyama baridi

Wędliny

chakula cha kopo

Konserwy

sabuni ya unga

Proszek m do prania

pipi

Słodycze

bidhaa za kaya

Artykuły użytku domowego

bidhaa za kusafisha

Środek czyszczący

mtu mauzo

Sprzedawczyni

mpaka

Kasa

keshia

Kasjer

orodha ya manunuzi

Lista zakupów

masaa ya ufunguzi

Godziny otwarcia

mkoba

Portfel

kadi

Karta kredytowa

mfuko

Torba

mfuko wa plastiki

Torebka plastikowa

maji

Woda

sharubati

Sok

maziwa

Mleko

coke

Cola

mvinyo

Wino

bia

Piwo

pombe

Alkohol

kakao

Kakao

chai

Herbata

kahawa

Kawa

spreso

Espresso

kapuchino

Cappuccino

ndizi

Banan

tufaha

Jabłko

machungwa

Pomarańcza

tikiti

Arbuz

lemon

Cytryna

karoti

Marchew

kitunguu saumu

Czosnek

mianzi

Bambus

kitunguu

Cebula

uyoga

Grzyb

karanga

Orzechy

nudo

Makaron

spageti

Spaghetti

mpunga

Ryż

saladi

Sałatka

vibanzi

Frytki

viazi vya kukaanga

Ziemniaki pieczone

piza

Pizza

hambaga

Hamburger

sandwichi

Kanapka

kipande

Sznycel

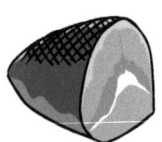

paja la mnyama

Szynka

salami

Salami

soseji

Kiełbasa

kuku

Kura

choma

Pieczeń

samaki

Ryba

oats ya uji

Płatki owsiane

muesli

Musli

cornflakes

Płatki kukurydziane

unga

Mąka

kroisanti

Croissant

andazi

Bułka

mkate

Chleb

mkate wa kubanika

Toast

biskuti

Ciastka

siagi

Masło

maziwa mgando

Twarożek

keki

Ciasto

yai

Jajko

yai kukaanga

Jajko sadzone

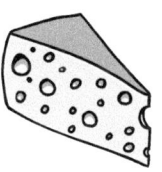

jibini

Ser

aiskrimu

Lody

sukari

Cukier

asali

Miód

jemu

Marmolada

kuenea kwa chokoleti

Krem nugatowy

mchuzi wa viungo

Curry

shamba
Gospodarstwo chłopskie

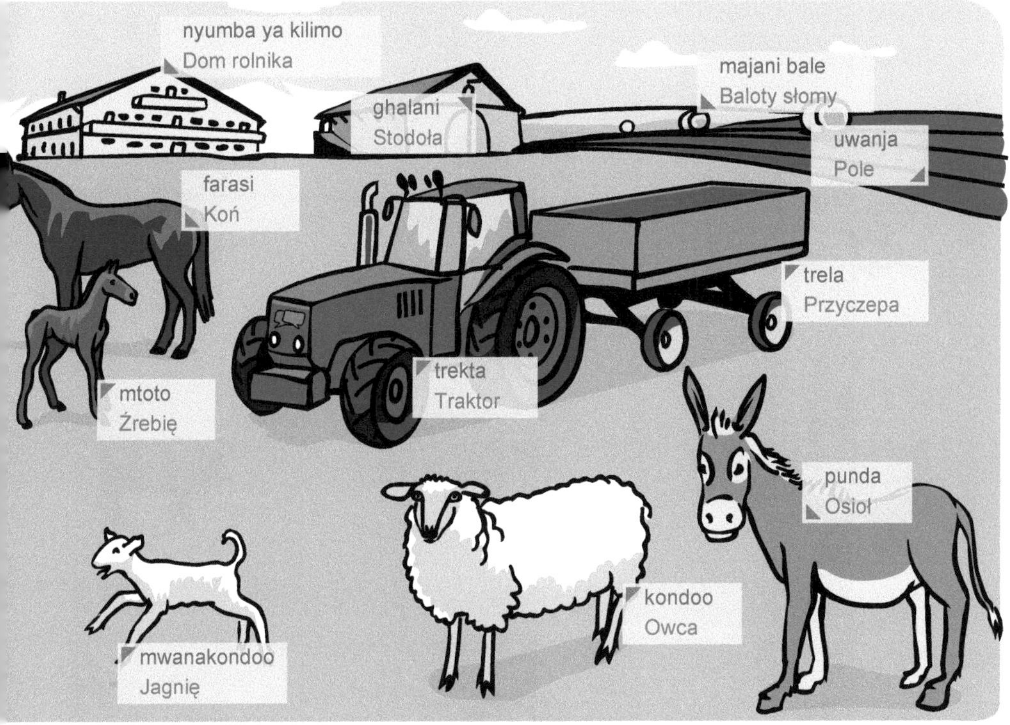

nyumba ya kilimo
Dom rolnika
ghalani
Stodoła
majani bale
Baloty słomy
uwanja
Pole
farasi
Koń
trela
Przyczepa
mtoto
Źrebię
trekta
Traktor
punda
Osioł
kondoo
Owca
mwanakondoo
Jagnię

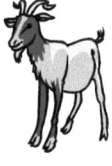

mbuzi

Koza

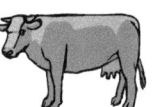

ng'ombe

Krowa

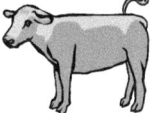

ndama

Cielę

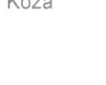

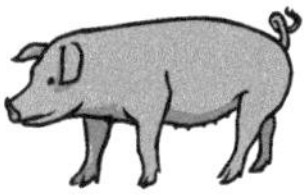

nguruwe

Świnia

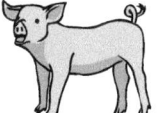

mwananguruwe

Prosię

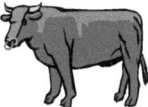

fahali

Byk

batabukini

Gęś

bata

Kaczka

kifaranga

Kurczątko

kuku

Kura

jogoo

Kogut

panya

Szczur

paka

Kot

panya

Mysz

ng'ombe

Osioł

mbwa

Pies

nyumba ya mbwa

Buda dla psa

bomba la bustani

Wąż ogrodowy

debe la kumwagilia maji

Konewka

fyekeo

Kosa

kulima

Pług

mundu

Sierp

jembe

Graca

uma wa nyasi

Widły

shoka

Siekiera

toroli

Taczka

kupitia nyimbo

Koryto

chombo cha maziwa

Kanka na mleko

gunia

Worek

ua

Płot

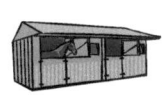

imara

Stajnia

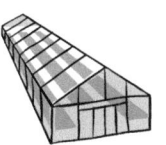

chafu

Szklarnia

udongo

Ziemia

mbegu

Nasiona

mbolea

Nawóz

kivunaji

Kombajn zbożowy

mavuno
....
zbierać

mavuno
....
Żniwa

viazi vikuu
....
Podchrzyn

ngano
....
Pszenica

soya
....
Soja

viazi
....
Ziemniak

mahindi
....
Kukurydza

rapa
....
Rzepak

mti wa matunda
....
Drzewo owocowe

muhogo
....
Maniok

nafaka
....
Zboże

shamba - Gospodarstwo chłopskie

nyumba
Dom

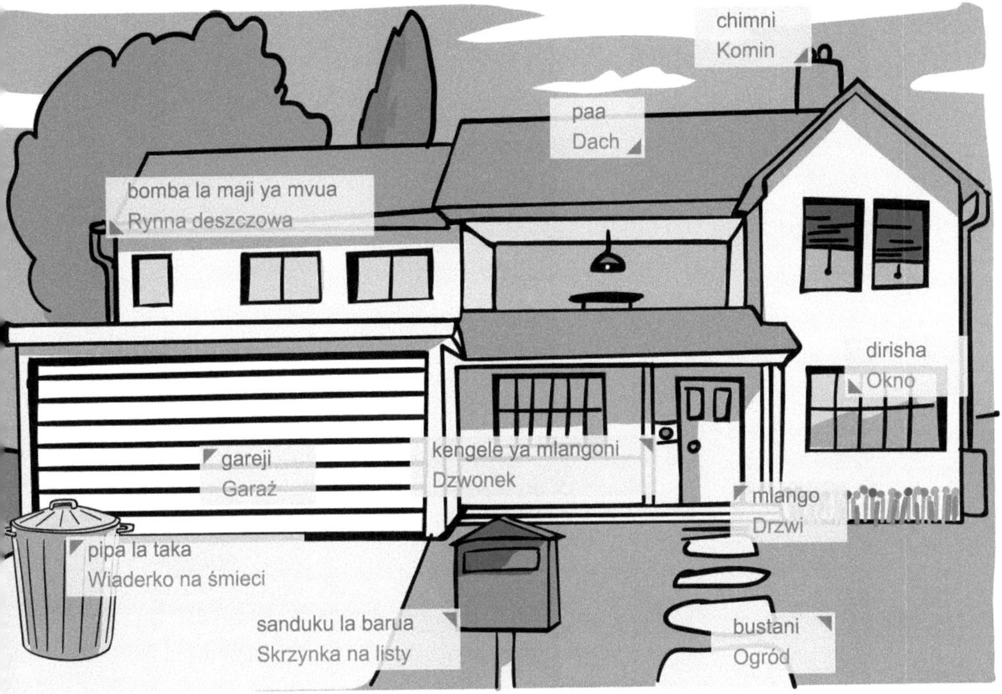
chimni
Komin
paa
Dach
bomba la maji ya mvua
Rynna deszczowa
dirisha
Okno
gareji
Garaż
kengele ya mlangoni
Dzwonek
mlango
Drzwi
pipa la taka
Wiaderko na śmieci
sanduku la barua
Skrzynka na listy
bustani
Ogród

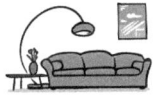

sebuleni

Pokój dzienny

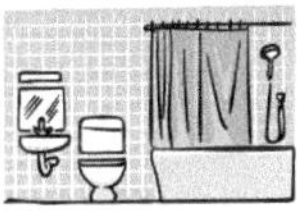

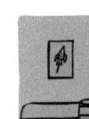

bafu

Łazienka

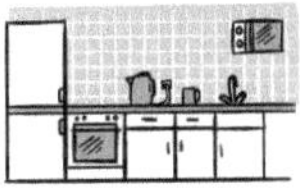

jikoni

Kuchnia

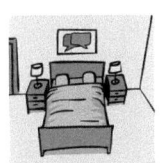

chumba cha kulala

Sypialnia

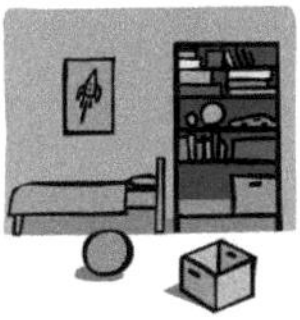

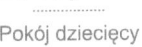

chumba ya mtoto

Pokój dziecięcy

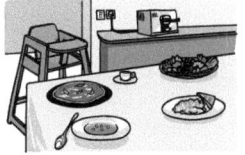

chumba cha kulia

Jadalnia

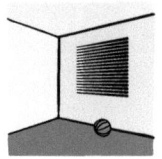

sakafu
Ziemia

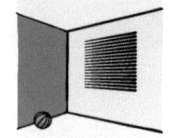

ukuta
Ściana

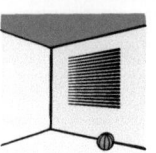

dari
Koc

pishi
Piwnica

sauna
Sauna

roshani
Balkon

mtaro
Taras

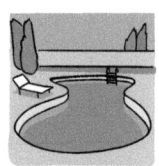

kidimbwi
Basen

mashine ya kukata nyasi
Kosiarka do trawy

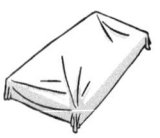

karatasi
Poszwa

kitambaa cha kupamba
kitanda
Kołdra

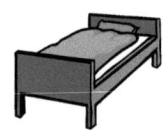

kitanda
Łóżko

ufagio
Miotła

ndoo
Wiadro

kubadili
Włącznik

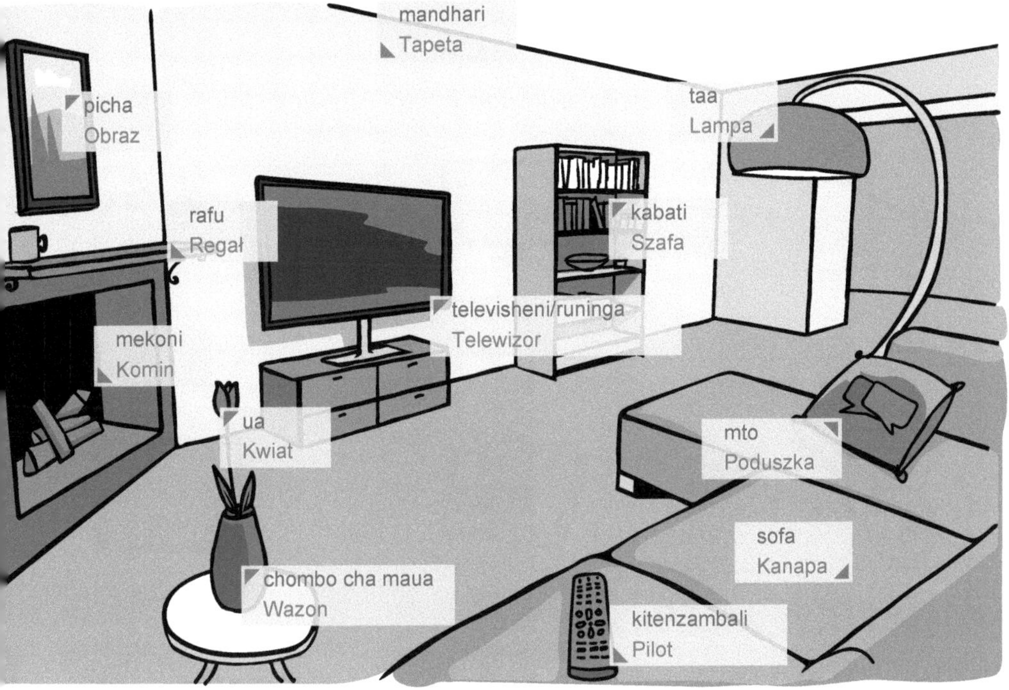

mandhari
Tapeta

picha
Obraz

taa
Lampa

rafu
Regał

kabati
Szafa

mekoni
Komin

televisheni/runinga
Telewizor

ua
Kwiat

mto
Poduszka

sofa
Kanapa

chombo cha maua
Wazon

kitenzambali
Pilot

zulia

Dywan

pazia

Zasłona

meza

Stół

kiti

Krzesło

kiti cha bembea

Bujak

armchair

Fotel

kitabu

Książka

blanketi

Sufit

mapambo

Dekoracja

kuni

Drewno kominkowe

filamu

Film

kifaa cha hi-fi

Instalacja stereo

ufunguo

Klucz

gazeti

Gazeta

uchoraji

Malunek

bango

Plakat

redio

Radio

daftari

Notatnik

kifyonza

Odkurzacz

dungusi kakati

Kaktus

mshumaa

Świeczka

jikoni
Kuchnia

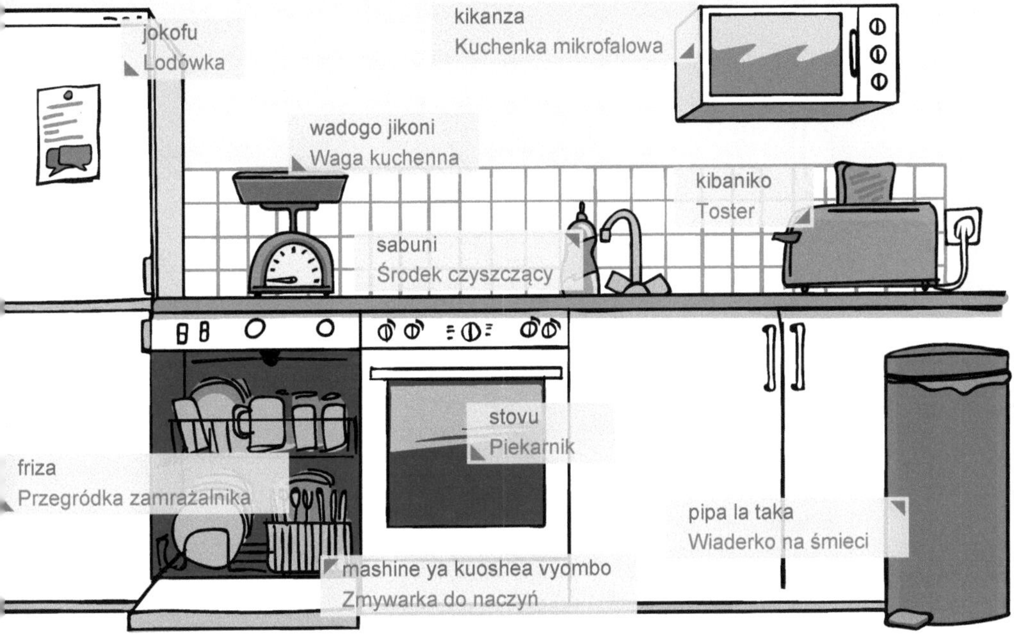

jokofu
Lodówka
kikanza
Kuchenka mikrofalowa
wadogo jikoni
Waga kuchenna
kibaniko
Toster
sabuni
Środek czyszczący
stovu
Piekarnik
friza
Przegródka zamrażalnika
pipa la taka
Wiaderko na śmieci
mashine ya kuoshea vyombo
Zmywarka do naczyń

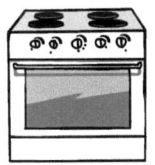

jiko la kupika

Kuchenka

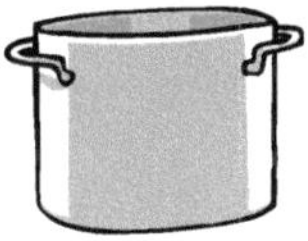

chungu

Garnek

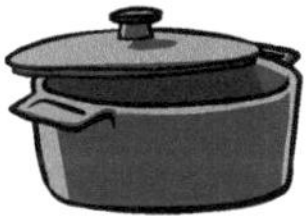

sufuria ya chuma

Kocioł żeliwny

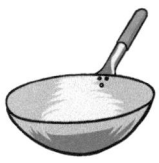

wok / kadai

Wok / Kadai

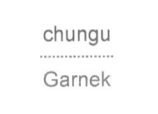

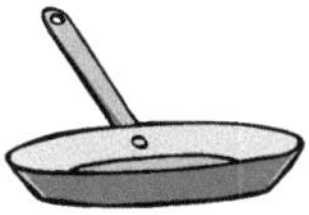

kaango

Patelnia

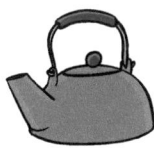

birika

Czajnik

stima
Parowar

sinia ya kuoka
Blacha do pieczenia

vyombo vya udongo
Naczynia kuchenne

kombe
Kubek

bakuli
Miska

vijiti vya kulia
Pałeczki

ukawa
Nabierka

mwiko mpana
Łopatka do smażenia

burashi
Trzepaczka do śmietany

kichujio
Cedzak

chujio
Sitko

mbuzi
Tarka

chokaa
Moździerz

barbeque
Grillowanie

moto wazi
Palenisko

ubao wa majaribio

Deska

kijiti cha kusukuma unga

Wałek do ciasta

kizibuo

Korkociąg

kopo

Puszka

inaweza kopo

Otwieracz do puszek

kishikio cha chungu

Ściereczka do trzymania garnka

karo

Umywalka

brashi

Szczotka

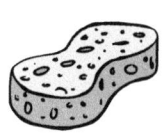

sifongo

Gąbka

kisagaji matunda

Mikser

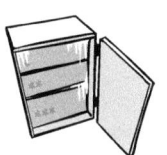

friji ya kina

Zamrażarka

chupa ya mtoto

Butelka dla niemowlęcia

bomba

Kran

bafu
Łazienka

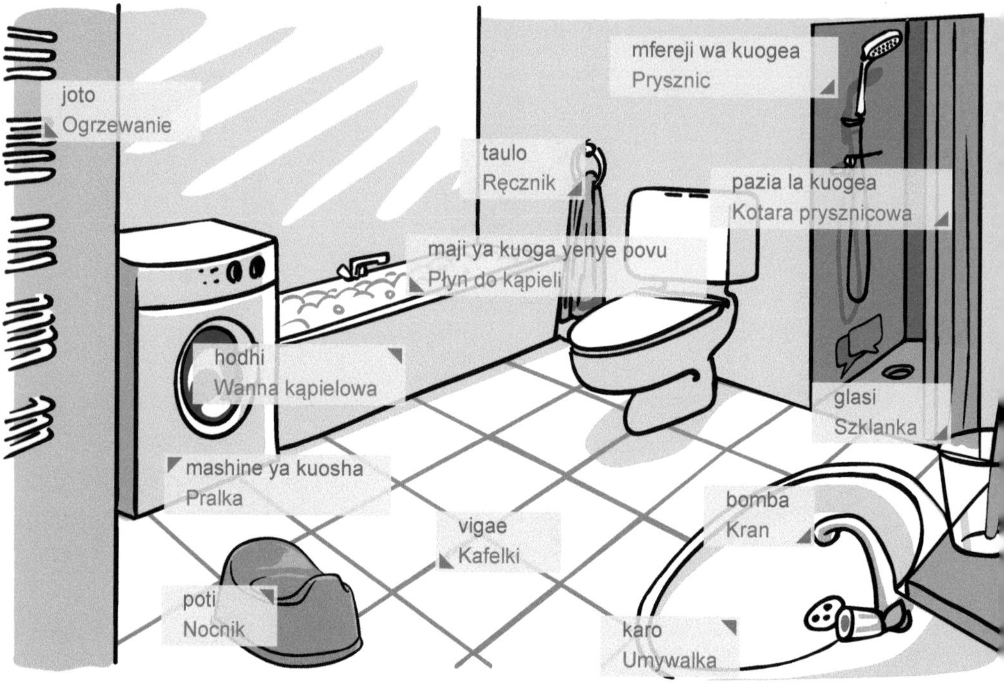

joto
Ogrzewanie
mfereji wa kuogea
Prysznic
taulo
Ręcznik
pazia la kuogea
Kotara prysznicowa
maji ya kuoga yenye povu
Płyn do kąpieli
hodhi
Wanna kąpielowa
glasi
Szklanka
mashine ya kuosha
Pralka
bomba
Kran
vigae
Kafelki
poti
Nocnik
karo
Umywalka

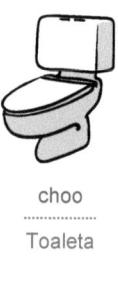

choo

Toaleta

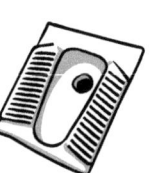

choo cha squat

Toaleta kuczna

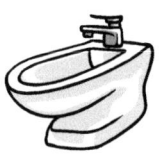

beseni la mviringo

Bidet

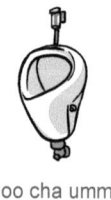

choo cha umma

Pisuar

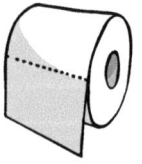

shashi

Papier toaletowy

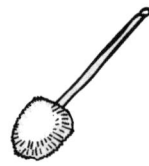

brashi ya choo

Szczotka toaletowa

mswaki

Szczoteczka do zębów

dawa ya meno

Pasta do zębów

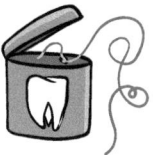

dawa ya meno

Nitki do czyszczenia zębów

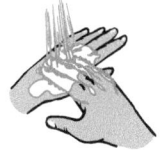

safisha

myć

kuoga mkono

Głowica prysznicowa

msukumo wa maji

Płyn kąpielowy do higieny intymnej

bonde

Miska do mycia

mpako wa pili

Szczotka kąpielowa

sabuni

Mydło

jeli ya kuogea

Żel prysznicowy

shampuu

Szampon

flana

Rękawica kąpielowa

toa maji

Odpływ

krimu

Krem

kiondoa harufu

Dezodorant

kioo

Lustro

kioo mkono

Lustro kosmetyczne

kinyozi

Golarka

povu la kunyoa

Pianka do golenia

baada ya kunyoa

Woda po goleniu

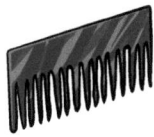

kichana

Grzebień

brashi

Szczotka

kikausha nywele

Suszarka do włosów

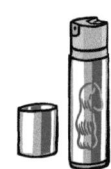

marashi ya nyewele

Spray do włosów

vipodozi

Makijaż

kidomwa

Pomadka

varnish ya msumari

Lakier do paznokci

pamba

Wata

mkasi wa kucha

Nożyczki do paznokci

manukato

Perfum

mkoba wa kuosha

Kosmetyczka

kinyesi

Taboret

mizani

Waga

nguo ya kuoga

Szlafrok kąpielowy

glavu za mpira

Rękawice gumowe

kisodo

Tampon

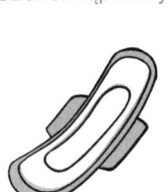

sodo

Podpaska damska

kemikali choo

Toaleta chemiczna

chumba ya mtoto
Pokój dziecięcy

saa ya kengele
Budzik
kidoli cha kupakata
Pluszowa przytulanka
gari bandia
Samochodzik
kelele
Grzechotka
chumba cha midoli
Domek dla lalek
sasa
Prezent

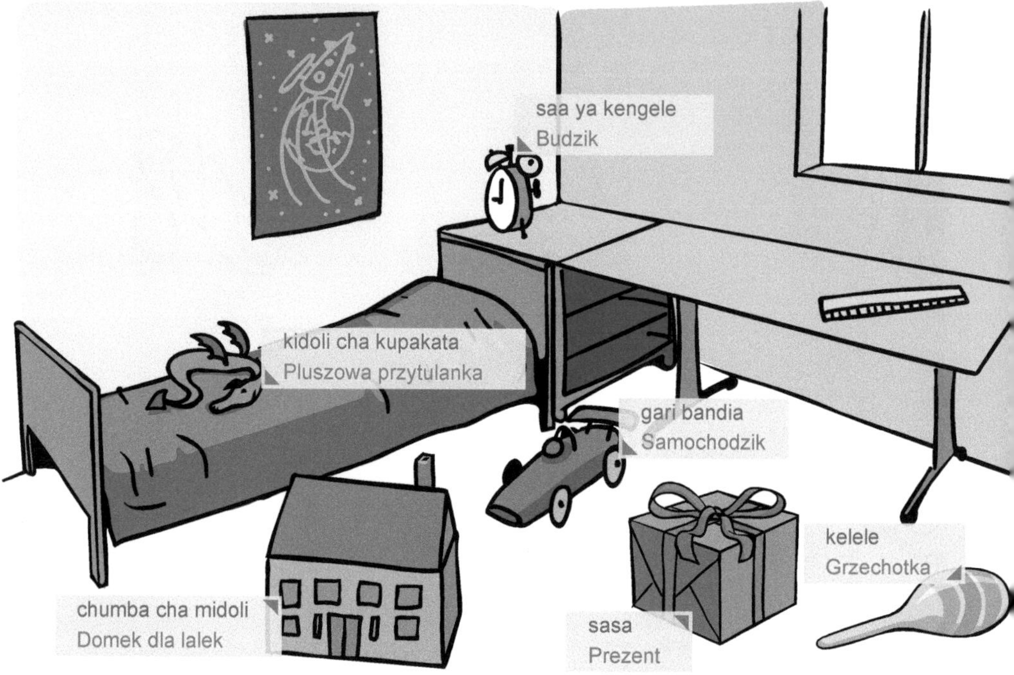

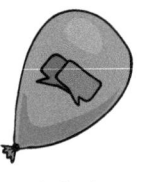

baluni
Balon

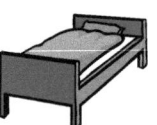

kitanda
Łóżko

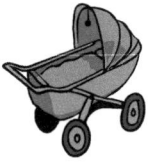

mashua
Wózek dziecięcy

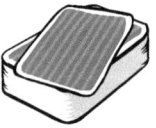

staha ya kadi
Gra w karty

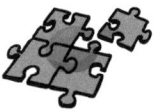

mchezo-fumb
Puzzle

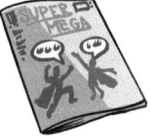

vichekesho
Komiks

matofali lego

Klocki lego

vitalu mwigo

Klocki

hatua takwimu

Action figura

suti ya kulalia

Śpioszek dziecięcy

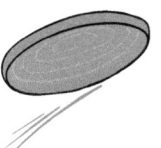

kisahani

Frisbee

simu

Zabawki ruchome

ubao wa michezo

Gra planszowa

kete

Kości

garimoshi mwigo

Kolejka elektryczna

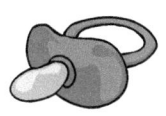

dummy

Smoczek

chama

Przyjęcie

picha kitabu

Książka z ilustracjami

mpira

Piłka

kikaragosi

Lalka

kucheza

bawić się

shimo la mchanga

Piaskownica

bembea

Huśtawka

vitu bandia

Zabawki

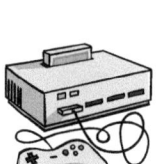

kiweko cha video ya mchezo

Konsola do gier

baiskeli ya magurudumu

Rowerek trójkołowy

matatu

mwanasesere

Pluszowy miś

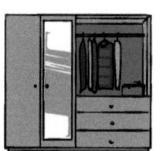

kabati

Szafa ubraniowa

nguo
Ubiór

soksi

Skarpety

stokingi

Pończochy

kibano

Rajstopy

skafu
Szal

mwavuli
Parasol

fulana
T-Shirt

ukanda
Pasek

ndara
Pantofle domowe

viatu
Kozaki

wakufunzi
Obuwie sportowe

malapa
Sandały

viatu
Buty

mabuti ya mpira
Kalosze

suruali ya ndani
Majtki

sidiria
Biustonosz

fulana
Podkoszulek

mwili

Body

suruali

Spodnie

dangirizi

Dżins

sketi

Spódnica

blauzi

Bluzka

shati

Koszula

vuta

Pulower

sweta

Bluza sportowa

bleza

Marynarka

jaketi

Kurtka

koti

Płaszcz

koti la mvua

Płaszcz przeciwdeszczowy

maleba

Kostium

gauni

Sukienka

mavazi ya harusi

Suknia ślubna

suti

Garnitur męski

vazi la usiku

Koszula nocna

pajama

Piżama

sari

Sari

skafu

Chusta na głowę

kilemba

Turban

burka

Burka

kaftan

Kaftan

abaya

Abaya

vazi la kuogelea

Strój kąpielowy

vazi la kiume la kuogelea

Kąpielówki

kaptura

Krótkie spodnie

teitei

Dres sportowy

aproni

Fartuch

glavu

Rękawiczki

kifungo

Guzik

glasi

Okulary

bangili

Bransoletka

mkufu

Łańcuszek

pete

Pierścionek

herini

Kolczyk

kofia

Czapka

kiango cha koti

Wieszak

kofia

Kapelusz

tai

Krawat

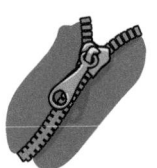

zipu

Zamek błyskawiczny

kofia

Kask

kanda za suruali

Szelki

sare za shule

Mundurek szkolny

sare

Mundur

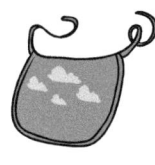

bibu

Śliniaczek

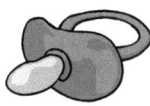

dummy

Smoczek

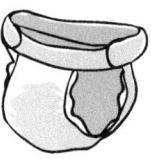

nepi

Pieluszka

ofisi
Biuro

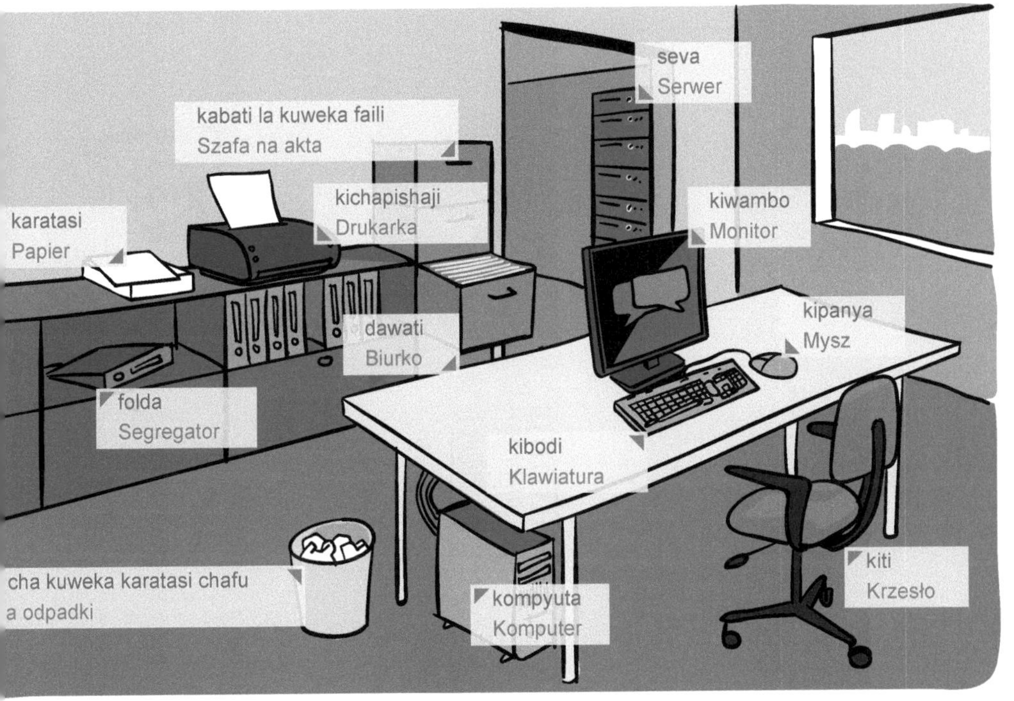
seva
Serwer
kabati la kuweka faili
Szafa na akta
kichapishaji
Drukarka
karatasi
Papier
kiwambo
Monitor
kipanya
Mysz
dawati
Biurko
folda
Segregator
kibodi
Klawiatura
cha kuweka karatasi chafu
a odpadki
kompyuta
Komputer
kiti
Krzesło

kmobe la kahawa

Filiżanka do kawy

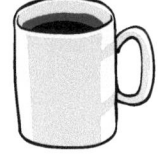

kikokotoo

Kalkulator

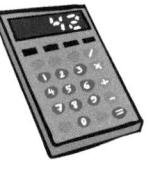

biashara

Internet

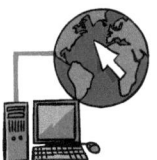

mbali
....
Laptop

barua
....
List

ujumbe
....
Wiadomość

rununu
....
Komórka

intaneti
....
Sieć

fotokopia
....
Kopiarka

programu
....
Oprogramowanie

simu
....
Telefon

soketi
....
Gniazdko

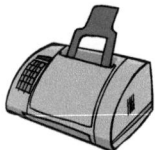

kipepesi
....
Faks

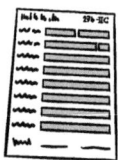

fomu
....
Formularz

hati
....
Dokument

kununua
....
kupić

kulipa
....
płacić

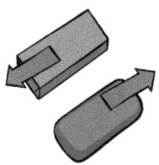

biashara
....
postępować

fedha
....
Pieniądze

dola
....
Dolar

yuro
....
Euro

yeni
....
Jen

rouble
....
Rubel

faranga ya Uswisi
....
Frank

renminbi yuan
....
Juan Renminbi

rupia
....
Rupia

eneo la kulipia
....
Bankomat

ofisi ya ubadilishanaji

Kantor wymiany walut

dhahabu

Złoto

fedha

Srebro

mafuta

Olej

nishati

Energia

bei

Cena

mkataba

Umowa

kodi

Podatek

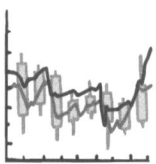

bidhaa

Akcja

kazi

pracować

mfanyakazi

Pracownik umysłowy

mwajiri

Pracodawca

kiwanda

Fabryka

duka

Sklep

afisa wa polisi
Policjant

mzimamoto
Strażak

mpishi
Kucharz

daktari
Lekarz

rubani
Pilot

mtunza bustani

Ogrodnik

seremala

Stolarz

mshonaji

Krawcowa

hakimu

Sędzia

mwanakemia

Chemik

muigizaji

Aktor

dereva wa basi

Kierowca autobusu

dereva wa teksi

Taksówkarz

mvuvi

Fischer

mwanamke wa kusafisha

Sprzątaczka

mwezekaji

Dekarz

mhudumu

Kelner

mwindaji

Myśliwy

mchoraji

Malarz

mwokaji

Piekarz

umeme

Elektryk

mjenzi

Robotnik budowlany

mhandisi

Inżynier

mchinjaji

Rzeźnik

fundi bomba

Instalator

mwanaposta

Listonosz

mwanajeshi

Żołnierz

msanifu majengo

Architekt

keshia

Kasjer

muuza maua

Florysta

msusi

Fryzjer

kondakta

Konduktor

mekanika

Mechanik

nahodha

Kapitan

daktari wa meno

Dentysta

mwanasayansi

Naukowiec

rabbi

Rabin

imamu

Imam

mtawa

Mnich

kasisi

Proboszcz

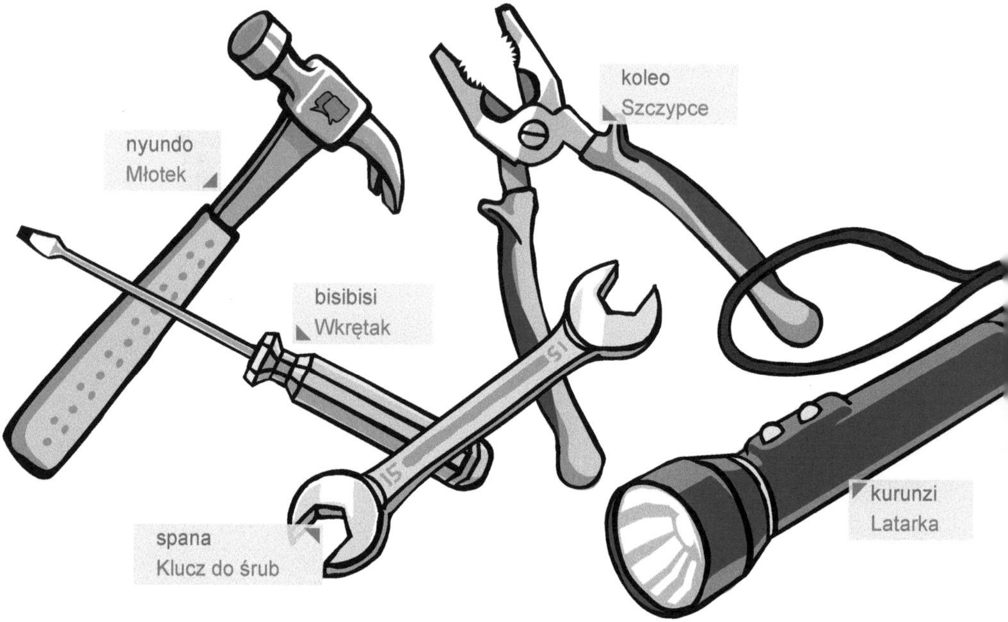

nyundo
Młotek

koleo
Szczypce

bisibisi
Wkrętak

spana
Klucz do śrub

kurunzi
Latarka

mchimbaji

Koparka

sanduku la vifaa

Skrzynka narzędziowa

ngazi

Drabina

msumeno

Piła

misumari

Gwoździe

kuchimba visima

Wiertło

kukarabati

naprawić

sepetu

Łopatka

Lo!

Cholera!

kishikio cha uchafu

Szufelka

chungu cha rangi

Puszka z farbą

skurubu

Śruby

ala za muziki

Instrumenty muzyczne

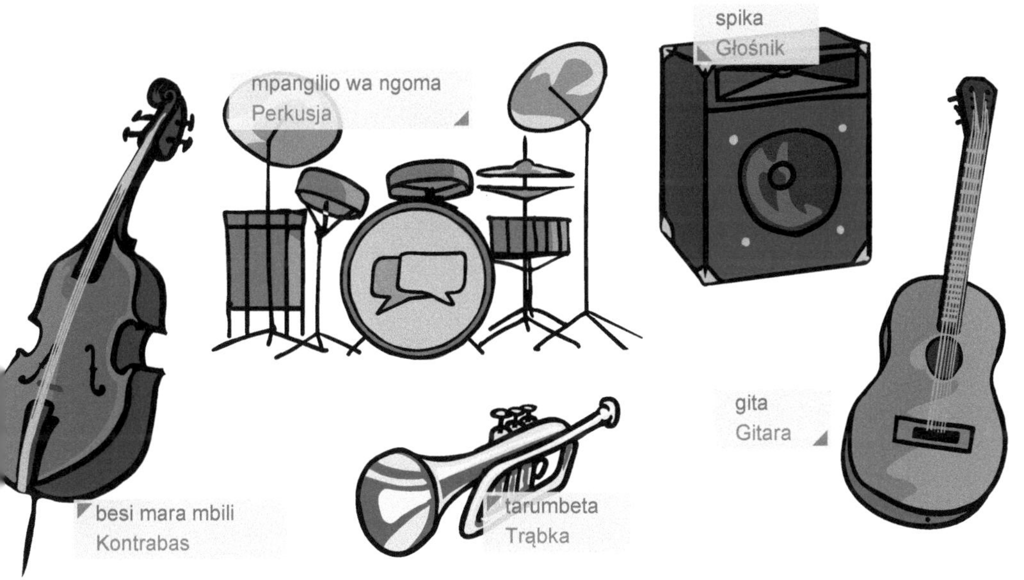

spika
Głośnik

mpangilio wa ngoma
Perkusja

besi mara mbili
Kontrabas

tarumbeta
Trąbka

gita
Gitara

piano

Pianino

fidla

Skrzypce

ubeji

Bas

timpani

Kotły

ngoma

Bęben

kibodi

Keyboard

saksafoni

Saksofon

filimbi

Flet

maikrofoni

Mikrofon

bustani ya wanyama

Zoo

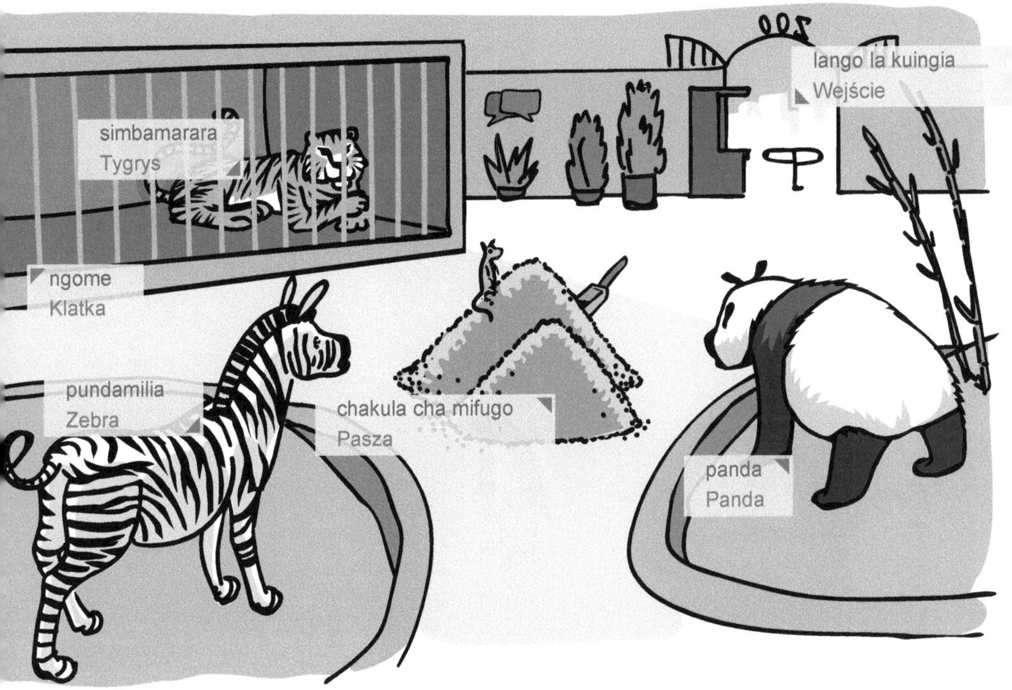

lango la kuingia
Wejście
simbamarara
Tygrys
ngome
Klatka
pundamilia
Zebra
chakula cha mifugo
Pasza
panda
Panda

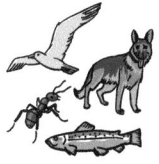

wanyama

Zwierzęta

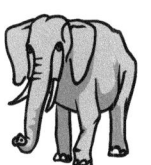

tembo

Słoń

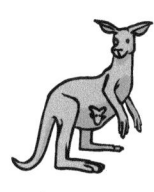

kangaruu

Kangur

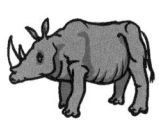

kifaru

Nosorożec

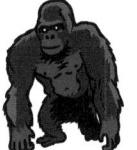

sokwe

Goryl

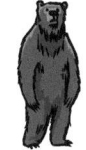

dubu

Niedźwiedź

ngamia

Wielbłąd

mbuni

Struś

simba

Lew

tumbili

Małpa

heroe

Fleming

kasuku

Papuga

dubu

Niedźwiedź polarny

penguini

Pingwin

papa

Rekin

tausi

Paw

nyoka

Wąż

mamba

Krokodyl

mtunza wanyama

Dozorca w zoo

muhuri

Foka

jaguar

Jaguar

mwanafarasi

Kucyk

chui

Gepard

kiboko

Hipopotam

twiga

Żyrafa

tai

Orzeł

nguruwe mwitu

Dzik

samaki

Ryba

kobe

Żółw

sili

Mors

mbweha

Lis

paa

Gazela

soka ya marekani
Futbol amerykański

uendeshaji baiskeli
Kolarstwo

tenisi
Tenis

mpira wa kikapu
Koszykówka

kuogelea
Pływanie

ndondi
Boks

magongo ya barafuni
Hokej na lodzie

soka
Piłka nożna

vinyoya
Badminton

riadha
Lekka atletyka

mpira wa mikono
Piłka ręczna

skii
Narciarstwo

polo
Polo

shughuli
Działania

cheka
śmiać się
kuruka
skakać
kumbatia
objąć
kutembea
iść
kuimba
śpiewać
ota ndoto
marzyć
kuomba
modlić się
busu
całować

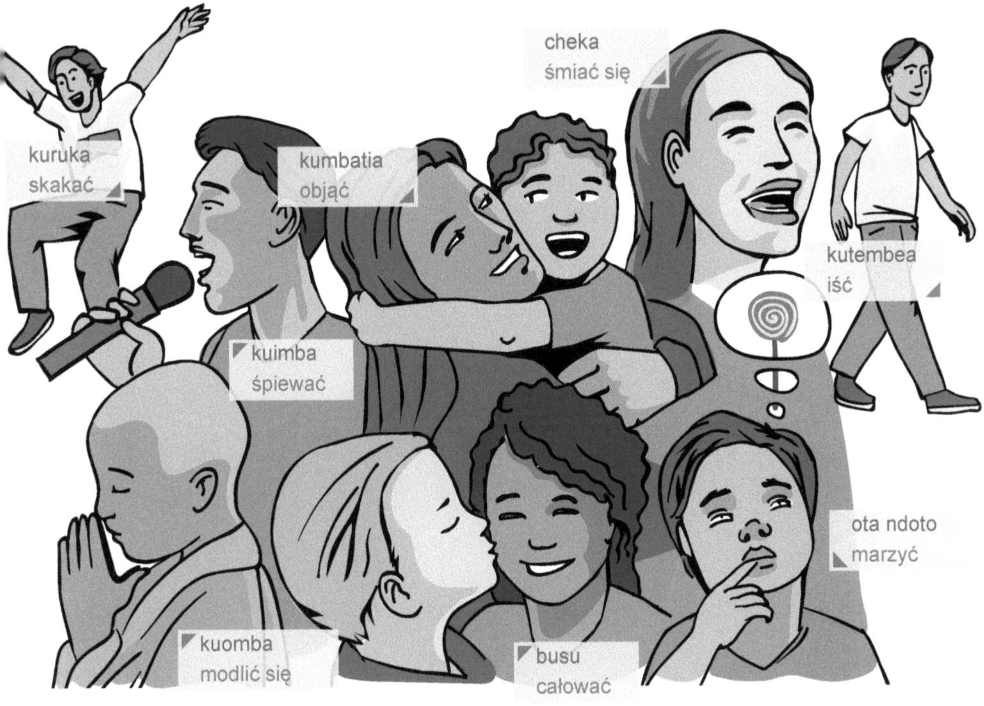

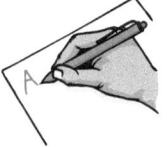

kuandika

pisać

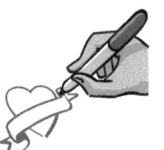

kuteka

rysować

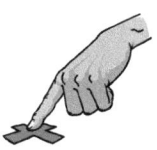

angalia

pokazywać

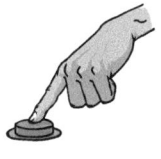

sukuma

nacisnąć

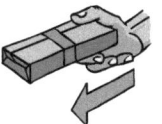

kutoa

dać

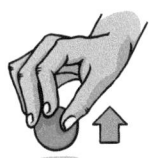

kuchukua

wziąć

kuwa

mieć

fanya

robić

kuwa

być

kusimama

stać

kukimbia

biegać

vuta

ciągnąć

kutupa

rzucać

kuanguka

spaść

hadaa

leżeć

kusubiri

czekać

kubeba

nosić

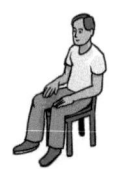

kukaa

siedzieć

vaa nguo

zakładać

usingizi

spać

kuamka

budzić się

kuangalia

spojrzeć

lia

płakać

kiharusi

głaskać

chana nywele

czesać się

ongea

mówić

kuelewa

rozumieć

kuuliza

pytać

kusikiliza

słyszeć

kunywa

pić

kula

jeść

nadhifisha

sprzątać

upendo

kochać

mpishi

gotować

gari

jechać

kuruka

latać

meli

żeglować

kokotoa

liczyć

kusoma

czytać

kujifunza

uczyć się

kazi

pracować

kuoa

wejść w związek małżeński

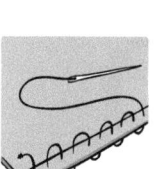

kushona

szyć

piga mswaki

myć zęby

kuua

zabić

moshi

palić tytoń

kutuma

wysłać

shughuli - Działania

bibi
Babcia

babu
Dziadek

baba
Ojciec

mama
Matka

mtoto
Niemowlę

binti
Córka

bin
Syn

mgeni

Gość

shangazi

Ciotka

mjomba

Wujek

kaka

Brat

dada

Siostra

mwili

Ciało

paji la uso
Czoło
jicho
Oko
bega
Ramię
kidole
Palec
uso
Twarz
kidevu
Broda
mkono
Ręka
matiti
Pierś
mguu
Noga
mkono
Ramię

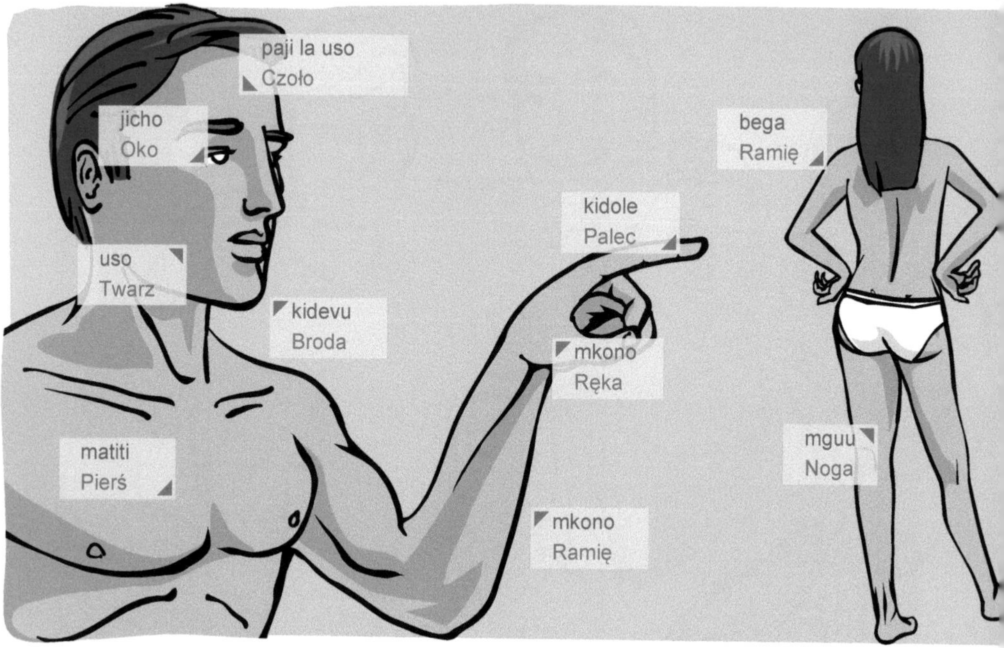

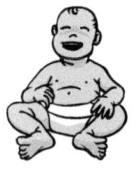

mtoto

Niemowlę

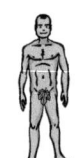

mwanamume

Mężczyzna

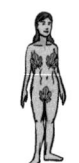

mwanamke

Kobieta

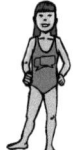

msichana

Dziewczyna

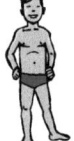

mvulana

Chłopiec

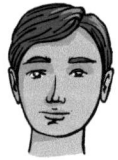

kichwa

Głowa

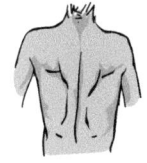

nyuma

Plecy

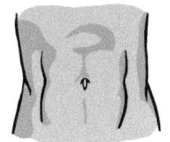

tumbo

Brzuch

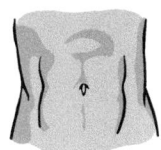

kitovu

Pępek

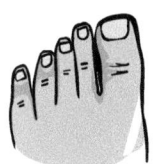

chano

palec nogi

kisigino

Pięta

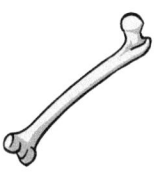

mfupa

Kość

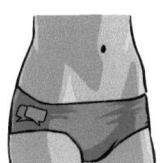

nyonga

Biodro

goti

Kolano

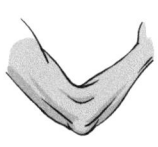

kiwiko

Łokieć

pua

Nos

chini

Pośladki

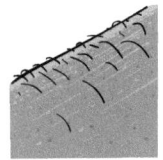

ngozi

Skóra

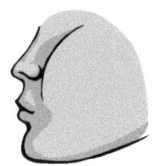

shavu

Policzek

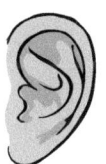

sikio

Uszy

mdomo

Warga

kinywa

Usta

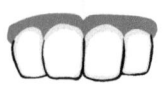

jino

Ząb

ulimi

Język

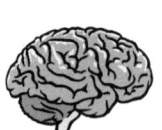

ubongo

Mózg

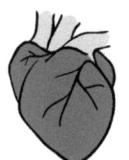

moyo

Serce

misuli

Mięsień

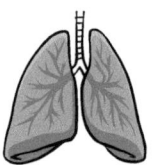

pafu

Płuca

ini

Wątroba

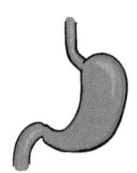

tumbo

Żołądek

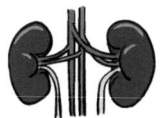

figo

Nerki

jinsia

Stosunek płciowy

kondomu

Kondom

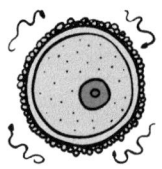

ovari

Komórka jajowa

shahawa

Sperma

mimba

Ciąża

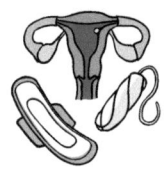

hedhi

Menstruacja

uke

Wagina

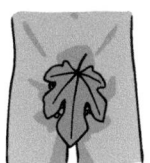

uume

Penis

unyusi

Brew

nywele

Włosy

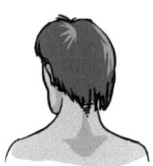

shingo

Szyja

hospitali
Szpital

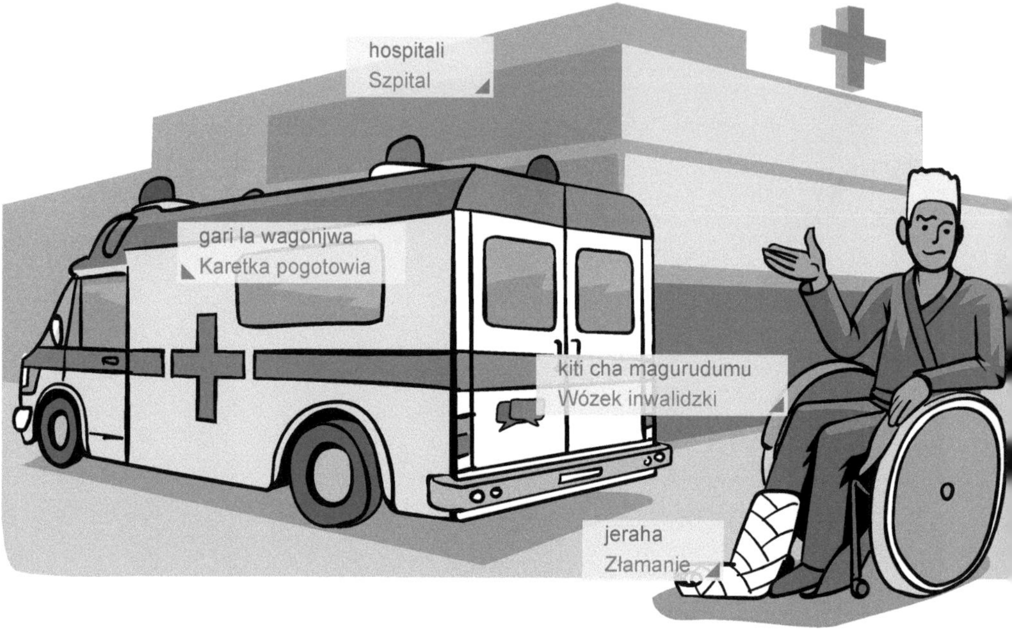

hospitali
Szpital
gari la wagonjwa
Karetka pogotowia
kiti cha magurudumu
Wózek inwalidzki
jeraha
Złamanie

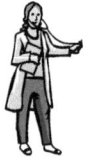

daktari

Lekarz

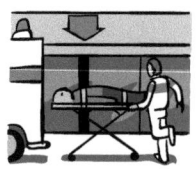

chumba cha dharura

Izba przyjęć

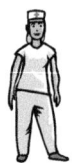

muuguzi

Pielęgniarka

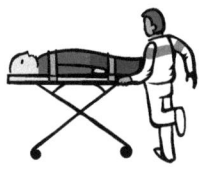

dharura

Nagły przypadek

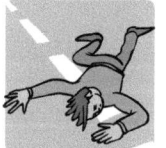

kupoteza fahamu

nieprzytomny

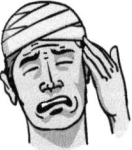

maumivu

Ból

kuumia

Skaleczenie

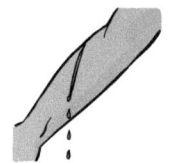

kutokwa na damu

Krwawienie

mshtuko wa moyo

Zawał serca

kiharusi

Udar mózgu

mzio

Alergia

kikohozi

Kaszleć

homa

Gorączka

mafua

Grypa

kuharisha

Biegunka

maumivu ya kichwa

Ból głowy

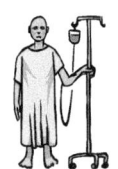

kansa

Rak

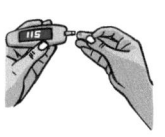

ugonjwa wa kisukari

Cukrzyca

daktari mpasuaji

Chirurg

kisu kidogo cha kupasulia

Skalpel

operesheni

Operacja

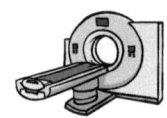

picha changanufu ya mwili

CT

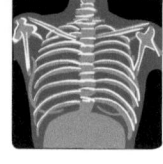

Eksrei

Rentgen

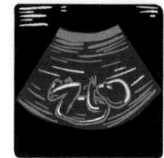

mawimbi sauti

Ultradźwięki

barakoa ya uso

Maska

ugonjwa

Choroba

chumba cha kusubiri

Poczekalnia

mkongojo

Kula

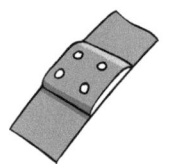

plasta

Plaster

bendeji

Opatrunek

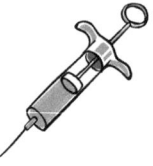

sindano

Iniekcja

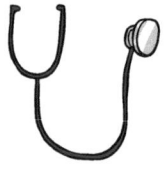

stetoskopu

Stetoskop

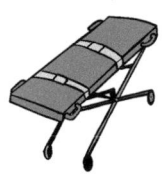

machela

Nosze

kipimajoto cha kliniki

Termometr

kuzaliwa

Poród

unene kupita kiasi

Nadwaga

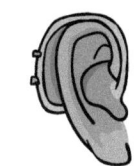

kusikia misaada

Aparat słuchowy

kipukusi

Środek dezynfekcyjny

maambukizi

Infekcja

virusi

Wirus

VVU / UKIMWI

HIV / AIDS

dawa

Medycyna

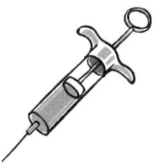

chanjo

Szczepienie

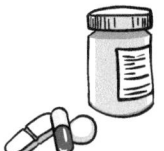

vidonge

Tabletki

kidonge

Pigułka

simu ya dharura

Telefon ratunkowy

haemodainamometa

Ciśnieniomierz krwi

mgonjwa / mwenye afya

chory / zdrowy

Msaada!

Pomocy!

kengele

Alarm

pigo

Napad

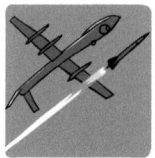

shambulizi

Atak

hatari

Niebezpieczeństwo

lango la dharura

Wyjście awaryjne

Moto!

Pożar!

kizima moto

Gaśnica

ajali

Wypadek

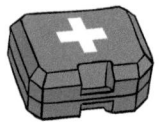

vifaa vya huduma ya
kwanza

Walizeczka pierwszej
pomocy

wito wa msaada

SOS

polisi

Policja

Ulaya
Europa

Amerika ya Kaskazini
Ameryka Północna

Amerika ya Kusini
Ameryka Południowa

Afrika
Afryka

Asia
Azja

Australia
Australia

Atlantiki
Atlantyk

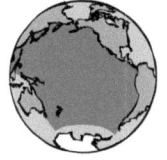

Pasifiki
Pacyfik

Bahari ya Hindi
Ocean Indyjski

Bahari ya Antaktiki
Ocean Antarktyczny

Bahari ya Aktiki
Ocean Arktyczny

Ncha ya Kaskazini
Biegun północny

Ncha ya Kusini

Biegun południowy

Antaktika

Antarktyda

dunia

Ziemia

nchi

Kraj

bahari

Morze

kisiwa

Wyspa

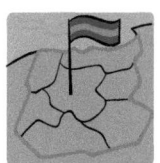

taifa

Naród

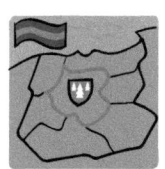

jimbo

Państwo

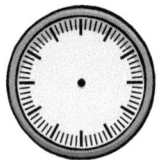

uso wa saa

Cyferblat

akrabu ya saa

Wskazówka godzinowa

akrabu ya dakika

Wskazówka minutowa

akrabu ya sekunde

Wskazówka sekundowa

Ni saa ngapi?

Która godzina?

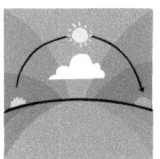

siku

Dzień

wakati

Czas

sasa

teraz

saa ya dijitali

Zegarek digitalny

dakika

Minuta

saa

Godzina

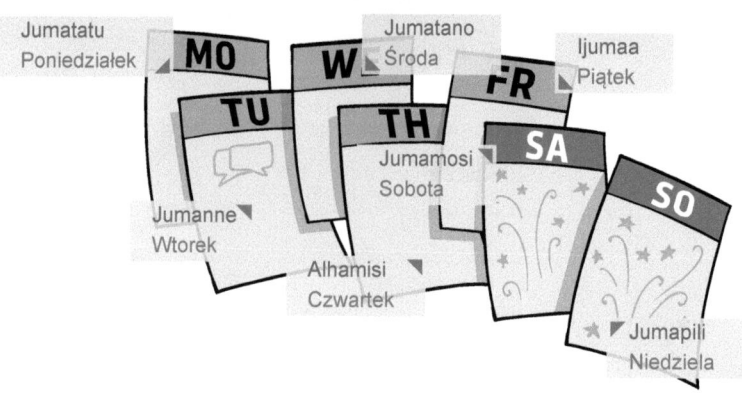

Jumatatu Poniedziałek — MO
W — Środa — Jumatano
Ijumaa Piątek — FR
TU
TH — Jumamosi Sobota
SA
Jumanne Wtorek
SO
Alhamisi Czwartek
Jumapili Niedziela

jana
....
wczoraj

leo
....
dzisiaj

kesho
....
jutro

asubuhi
....
Rano

saa sita mchana
....
Południe

jioni
....
Wieczór

siku za biashara
....
Dni robocze

mwishoni mwa wiki
....
Weekend

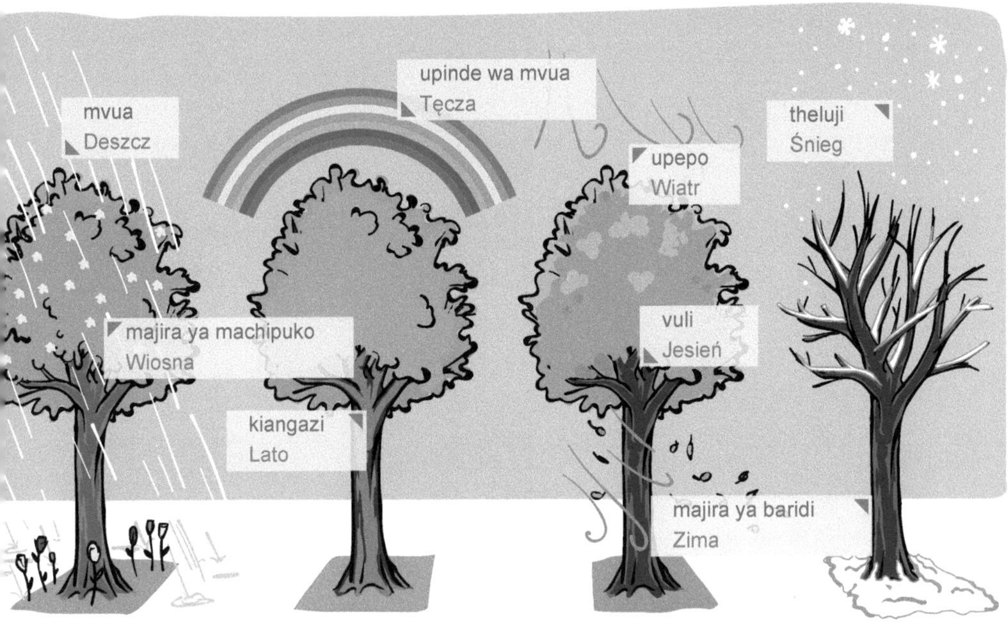

mvua
Deszcz

upinde wa mvua
Tęcza

upepo
Wiatr

theluji
Śnieg

majira ya machipuko
Wiosna

vuli
Jesień

kiangazi
Lato

majira ya baridi
Zima

4.APRIL	11°	
5.APRIL	4°	
6.APRIL	13°	
7.APRIL	8°	
8.APRIL	10°	

utabiri wa hali ya hewa

Prognoza pogody

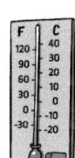

kipimajoto

Termometr

mwanga wa jua

Światło słoneczne

wingu

Chmura

ukungu

Mgła

unyevu

Wilgotność powietrza

umeme

Błyskawica

radi

Grzmot

dhoruba

Sztorm

mvua ya mawe

Grad

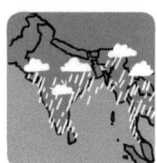

monsuni

Monsun

mafuriko

Potop

barafu

Lód

Januari

Styczeń

Februari

Luty

Machi

Marzec

Aprili

Kwiecień

Mei

Maj

Juni

Czerwiec

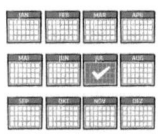

Julai

Lipiec

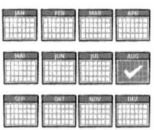

Agosti

Sierpień

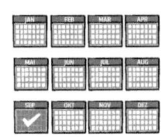

Septemba
....
Wrzesień

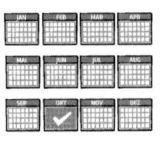

Oktoba
....
Październik

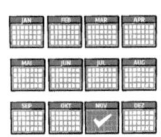

Novemba
....
Listopad

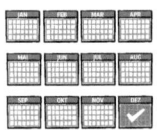

Desemba
....
Grudzień

maumbo
Kształty

mduara
....
Koło

mraba
....
Kwadrat

mstatili
....
Prostokąt

pembetatu
....
Trójkąt

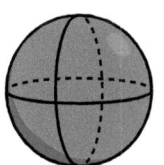

nyanja
....
Kula

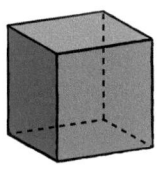

mchemraba
....
Sześcian

nyeupe

biały

manjano

żółty

chungwa

pomarańczowy

rangi ya waridi

różowy

nyekundu

czerwony

hudhurungi

liliowy

bluu

niebieski

kijani

zielony

hanja

brązowy

jivujivu

szary

nyeusi

czarny

mengi / kidogo

dużo / mało

hasira / pole

wściekły / spokojny

nzuri / mbaya

piękny / brzydki

mwanzo / mwisho

początek / koniec

kubwa / ndogo

duży / mały

angavu / giza

jasny / ciemny

kaka / dada

brat / siostra

safi / chafu

czysty / brudny

kamilika / tokamilika

kompletny / niekompletny

siku / usiku

dzień / noc

wafu / hai

umarły / żywy

pana / nyembamba

szeroki / wąski

kulika / kutolika
....
jadalny / niejadalny

ovu / ema
....
zły / uprzejmy

sisimkwa / udhika
....
podniecony / znudzony

nene / nyembamba
....
gruby / chudy

kwanza / mwisho
....
najpierw / na końcu

rafiki / adui
....
przyjaciel / wróg

jaa / tupu
....
pełen / pusty

ngumu / laini
....
twardy / miękki

nzito / nyepesi
....
ciężki / lekki

njaa / kiu
....
głód / pragnienie

mgonjwa / mwenye afya
....
chory / zdrowy

haramu / kisheria
....
nielegalny / legalny

akili / kijinga
....
inteligentny / głupi

kushoto / kulia
....
lewo / prawo

karibu / mbali
....
bliski / daleki

mpya / kutumika

nowy / używany

kitu / jambo

nic / coś

zee / changa

stary / młody

waka / zima

włącz / wyłącz

wazi / fungwa

otwarty / zamknięty

utulivu / kelele

cichy / głośny

tajiri / masikini

bogaty / biedny

sahihi / kosa

prawidłowy / błędny

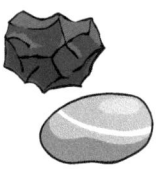

mbaya / laini

chropowaty / gładki

huzunika / furahia

smutny / szczęśliwy

fupi /ndefu

krótki / długi

polepole / haraka

powolny / szybki

nyevu / kavu

mokry/suchy

joto / baridi

ciepły / chłodny

vita / amani

wojna / pokój

0	**1**	**2**
sufuri	moja	mbili
zero	jeden	dwa

3	**4**	**5**
tatu	nne	tano
trzy	cztery	pięć

6	**7**	**8**
sita	saba	nane
sześć	siedem	osiem

9	**10**	**11**
tisa	kumi	kumi na moja
dziewięć	dziesięć	jedenaście

12

kumi na mbili
....
dwanaście

13

kumi na tatu
....
trzynaście

14

kumi na nne
....
czternaście

15

kumi na tano
....
piętnaście

16

kumi na sita
....
szesnaście

17

kumi na saba
....
siedemnaście

18

kumi na nane
....
osiemnaście

19

kumi na tisa
....
dziewiętnaście

20

ishirini
....
dwadzieścia

100

mia
....
sto

1.000

elfu
....
tysiąc

1.000.000

milioni
....
milion

Kiingereza

Angielski

Kiingereza cha Marekani

Angielski amerykański

Kimandarini cha Uchina

Chiński mandaryński

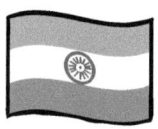

Kihindi

Hindi

Kihispania

Hiszpański

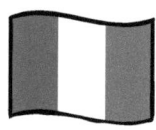

Kifaransa

Francuski

Kiarabu

Arabski

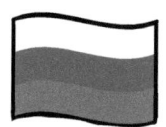

Kirusi

Rosyjski

Kireno

Portugalski

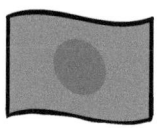

Kibengali

Bengalski

Kijerumani

Niemiecki

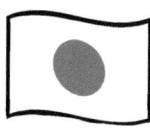

Kijapani

Japoński

mimi

ja

wewe

ty

yeye / yeye / ni

on / ona / ono

sisi

my

wewe

wy

wao

oni

nani?

kto?

nini?

co?

jinsi gani?

jak?

wapi?

gdzie?

lini?

kiedy?

jina

Nazwisko

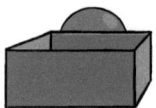

nyuma

za

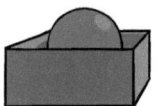

katika

w

mbele ya

przed

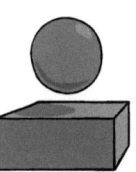

juu ya

powyżej

kwenye

na

chini ya

pod

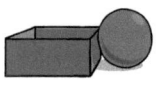

kando

obok

kati

między

mahali

Miejsce